# CUADERNO NEUMEISTER

## /

# THE NEUMEISTER NOTEBOOK

# Also by Carlota Caulfield

*Oscuridad divina*

*Oscurità divina* (Translated by Rosella Livoli & Carlos Vitale)

*El tiempo es una mujer que espera*

*34th Street & other poems*

*Angel Dust/Polvo de Angel/Polvere D'Angelo*
(Translated by Carol Maier (English) & by Pietro Civitareale (Italian))

*Libro de los XXXIX escalones/Book of the XXXIX Steps*
(Translated by Angela McEwan in collaboration with the author)

*Estrofas de papel, barro y tinta*

*A las puertas del papel con amoroso fuego*

*At the Paper Gates with Burning Desire* (Translated by Angela McEwan in collaboration with the author)

*Autorretrato en ojo ajeno*

*Movimientos metálicos para juguetes abandonados*

*El Libro de Giulio Camillo/The Book of Giulio Camillo/Il Libro di Giulio Camillo*
(Translated by Mary G. Berg (English) and by Pietro Civitareale (Italian) in collaboration with the author)

*Quincunce / Quincunx* (Translated by Mary G. Berg in collaboration with the author)

*Ticket to Ride. Essays and Poems* (Translated by Angela McEwan in collaboration with the author)

*A Mapmaker's Diary. Selected Poems* (Translated by Mary G. Berg in collaboration with the author)

*JJ/CC*

Carlota Caulfield

**CUADERNO NEUMEISTER**

**/**

**THE NEUMEISTER NOTEBOOK**

Translated by Mary G. Berg in collaboration with the author

**hardPressed poetry**

Published by hardPressed poetry, Ireland
http://hardpressedpoetry.blogspot.com/
hardpressedpoetry@gmail.com

Cover design by hardPressed poetry.

ISBN: 978-1-872781-06-8

# Contents

**La oquedad del caracol**
*(acerca de la poesía de Carlota Caulfield)*

por Antoni Clapés

T. S. Eliot habla de la impersonalidad del poeta, no en el sentido que el poeta tenga que extinguir constantemente su personalidad o renunciar explícitamente a su experiencia personal –sea ésta puramente emocional o lingüística– sino que esta experiencia y sus referentes puedan ser leídos como universales, trascendiendo su yo personal.

Este último (por ahora) libro de Carlota Caulfield, *Cuaderno Neumeister* que el lector tiene en sus manos, se vincula a la propuesta eliotiana de forma radical. La poesía de Caulfield, hija de la modernidad –acaso asociada a la postmodernidad–, emerge sin referentes personales explícitos, sin anécdota unidireccional alguna, sin el intento de contar una experiencia trivial carente de interés global, sino que brota como el vivo deseo de pulsar una gran pluralidad de mecanismos que, justamente, le proporcionan unidad y universalidad, de la misma forma que una orquesta está compuesta por las maderas, los metales, las percusiones para tocar al unísono, bajo la batuta del director, una música concreta.

De forma análoga se produce la poesía de Caulfield: como el puro proceso de relectura del mundo con ojos de mujer, desde su cualidad de investigadora del arte de las vanguardias, atenta a los aconteceres de su tiempo (a los que no trata de interpretar, sino de exponer, para incorporar a su experiencia literaria).

La escritura de Carlota Caulfield, bajo una *forma* que se busca a sí misma (y se reinventa constantemente) encierra dentro de ella pensamiento en estado puro. Ya lo indicó Valéry: "El pensamiento no hace poemas de manera natural, sino, a la sumo, fragmentos". Ya que el fragmento –formulado en versos– es la expresión de la modernidad literaria: pura metáfora del mundo desestructurado que vivimos. Poesía, palabras, asimismo, como *objets trouvés* (acaso el espíritu de Duchamp y de Miró estén detrás de esta escritura). Un proceso de creación que no nace *ex–nihilo*, sino como representación de un proceso de reflexión.

La poesía de Caulfield es una escritura introspectiva, de tono referencial culto. Parecería que el punto de partida de cada poema ha sido un cuadro, una música, el recuerdo de una acción que la poeta recrea introduciéndo(se) en el elemento motivador de la escritura. Pero este punto de partida es, justamente, el punto de fuga del poema: Caulfield no parte de una visión falseada de la memoria –como una parte de la narrativa y de la poesía postmoderna– sino que, de cuestión en cuestión, avanza y llega hasta la "gran pregunta" que no admite respuesta: el por qué, a partir de lo cual se relativiza todo. Y se muestran, así, las contradicciones de nuestro tiempo.

Viendo el título que Caulfield ha propuesto para este libro, uno creería que este cuaderno de autor con nombre germánico encierra un severo ensayo filosófico o un complejo tratado de armonía. Y no: como acontece con la (buena) poesía, nada tiene un significado estable y previsible; y así, resulta que el nombre que da título a este libro es el del trombonista de jazz Ed Neumeister, cuya música inspiró, fue el leitmotif, de los nueve primeros poemas.

Unos poemas que simplemente exponen, sin pretensión alguna de cambio, las acciones de un concierto: un diálogo Neumeister-Caulfield que no es otro que el diálogo entre música y poesía a través de la visión caleidoscópica de la escritora: un itinerario en el que el lector puede rastrear vestigios de Kerouac, Char y los surrealistas franceses. La mirada de Pound y Beckett (*Nadie te reconoce / eres la nada de tu otro yo*), donde se manifiesta que escribir / vivir es traducir: la dificultad de *"no encontrar / significados para tal o cual vocablo"*. El libro desemboca en la parte más brillante: *Flashes*, una veintena de breves poemas en prosa, a partir de objetos cotidianos, que abre ventanas nuevas al horizonte de esta poesía.

Con *Cuaderno Neumeister*, Carlota Caulfield propone (y se propone) una escritura contemporánea, el sentido que *añade* a su "tradición" todo lo que le interesa o sorprende de lo pasado o lo actual (sea la música de Machaut o la de Curran), pero no como una justificación sino como una ampliación, para "ir más allá". El proceso de ir cortando nudos hasta llegar a uno (¿el gordiano?) que ya no puede fragmentarse: es el por qué de todas las cosas. La pregunta última. A partir de aquí no se relativiza nada para abrir la puerta al "todo vale", sino que el proceso ha servido para mostrar las contradicciones de nuestro tiempo. Y para decirlas desplegando una espiral de sueños, como la oquedad del caracol.

**The Snail's Spiralling Chambers**
*(about Carlota Caulfield's poetry)*

by Antoni Clapés

T.S.Eliot speaks of the impersonality of the poet, not in the sense that the poet has to constantly extinguish his personality, or explicitly renounce his personal experience – whether this be purely emotional or linguistic – but rather that this experience and references to it may be read as universal, transcending individual personal expression.

Carlota Caulfield's latest book (for now), *The Neumeister Notebook*, that the reader holds in his/her hands, is connected to Eliot's proposal in a radical way. Poetry by Caulfield, daughter of modernity – perhaps even of postmodernity– emerges without explicit personal references, without any unidirectional anecdote whatsoever, without the intention of recounting a trivial experience lacking in global interest. It springs up as a living desire to pulsate a wide plurality of mechanisms that precisely provide it with unity and universality, in the same way that an orchestra is made up of woodwinds, brass instruments, and percussion, in order to play in unison, under the conductor's baton, and produce concrete music.

Caulfield's poetry is produced in an analogous way, as the pure process of rereading the world through a woman's eyes, from her perspective as a researcher of vanguard arts, fully aware of the events of her time (which she does not try to interpret, but rather to reveal, incorporating them into her literary experience).

Carlota Caulfield's writing, in a *form* that seeks itself (and is constantly reinvented) incorporates within it thought in a pure state. As Valéry pointed out, "Thought does not make poems in a natural way but, at most, fragments." And it is the fragment – laid out in verse – that is the expression of literary modernity: pure metaphor of the destructured world in which we live. Poetry, words, in themselves, as *objets trouvés* (perhaps the spirit of Duchamp and Miró is behind this writing). A process of creation that is not born *ex-nihilo*, but rather as the representation of a reflective process.

Caulfield's poetry is introspective writing, that presents a sophisticated frame of reference. It would seem that the point of departure of each poem has been a painting, a piece of music that the poet recreates by entering herself into the element that has motivated the writing. But this point of departure is precisely the point at which the poem flees: Caulfield does not begin with a falsified vision of memory – like some Postmodern fiction and poetry – but instead, she moves from topic to topic toward the "big question" that has no answer: the answer to the "Why?" that underlies and relativizes everything. And thus the contradictions of our time are revealed.

Seeing the title Caulfield has proposed for this collection, one would think that this notebook by an author with a Germanic name would deliver a severe philosophic essay or a complex treatise on harmony. But no: as happens with (good) poetry, nothing has a stable or predictable meaning; and thus, it turns out that the name titling the book is that of the jazz trombonist Ed Neumeister, whose music inspired, is the leitmotif, of the first nine poems.

Poems which simply expose, without any pretense of change, the action of a concert: a Neumeister-Caulfield dialogue that is no other than the dialogue between poetry and music seen through the writer's kaleidoscopic vision: an itinerary in which the reader can trace vestiges of Kerouac, Char, and the French surrealists. These are followed by ten poems under the gaze of Pound and Beckett *(No one recognizes you / you're the nothing of your other self)* in which it is shown that to live/write is to translate: the difficulty of *"not finding / meanings for some of the words."* The book flows into the most brilliant part, its *Flashes*, some twenty prose poems, reflections on everyday objects which open new windows onto the horizon of this poetry.

With *The Neumeister Notebook*, Carlota Caulfield proposes (and proposes to herself) a contemporary text, the sense of *adding* onto "tradition" everything that interests or surprises her about the past or the present (whether it be the music of Machaut or that of Curran), not as a justification but as an amplification, to "go beyond." The process of cutting through knots until coming to one (the Gordian?) that resists fragmentation: it is the "Why?" of all things. The last question. From here on nothing is relativized in order to open the door to "everything is worthwhile" but rather, we see that the process has served to show the contradictions of our time. And to spell them out unwinding a spiral of dreams, like the snail's spiralling chambers.

*Jazz is about being in the moment.*


–Herbie Hancock

## Estudio cromático

Te gustaría lentamente tatuarte con las notas del trombón.
Decir, no tengo más que esto, lo que abre la epidermis
y hace brotar sangre,
lo que queda cuando la muerte lo arrasa todo,
menos los sonidos del cuerpo.
Y así las uñas guardarán su color rosáceo,
los senos su firmeza,
el cuello su tersidad.
Reconocerás el privilegio enorme que se aloja
en las venas y podrás descender a un centro de quietud
sin aferrarte a nada.
Entonces la respiración empezará una vez más,
y con ella una salivación anfibia repugnante
hasta que tu mano se mueva con rapidez
y el sudor pierda su pestilencia.
Pero no sufrirás vértigo.
La avalancha caerá sobre ti como bendición.
Tu boca vibrará y escupirá hilos imperceptibles.
Después llegará el viento loco y comenzará el concierto.

**Chromatic Study**

You'd like to tattoo yourself slowly with the trombone's notes.
Saying: I only have this, this that rips my skin open
and makes blood gush out,
this that remains when death wipes out everything,
except the sounds of the body.
And thus fingernails will keep their rosy hue,
breasts stay firm,
neck smooth.
You will recognize the enormous privilege lodged
in your veins and be able to descend to a center of quietude,
breaking all ties.
Then breathing will begin yet again,
and with it, a repugnant amphibious salivation
until your hand moves rapidly
and sweat loses its pestilence.
But you will not suffer from vertigo.
The avalanche will sweep over you in benediction.
Your mouth will vibrate and spit out imperceptible threads.
Later the mad wind will blow and the concert will begin.

**Blues**

Juego de sillas. Respaldar sin misericordias. Torso erguido y ojo avizor. La sala medio vacía. Ella sentada frente al escenario. Tensión corporal.

Crujen los huesos y se entra al paraíso de la lengua: amo la pacífica paloma y odio la luz azul al oído. Rapidez de la mente. Los músicos en el escenario.

Los labios del trombonista son un mapamundi fluvial. Atención. Fíjate por donde caminas. Hay diminutos surcos en su piel y una montaña altísima bajo su nariz.

Decir del decir. Movimiento en vano. Silencio total. El tubo móvil del trombón se desliza, se alarga, se acorta. Vibración en misa sacra. Y así el trombón de vara grave, gravísimo.

Aire soplado. La altura de los sonidos se controla. El instrumento y la boquilla en su sitio. Una mayor o menor presión de aire. De lo imperceptible a todo en su lugar. Escucha.

El trombonista forma la embocadura y coloca los labios. Respira. Gestos. *Spring Street* en nueve minutos cuarenta y ocho segundos. Las sillas se tambalean. El trombón emite sonidos de shofar.

Como si se abriera un abismo, una avalancha de pavos reales, así la noche. El trazado: elegante y en tinta volátil, y las plumas muy verdes.

**Blues**

Musical chairs. Merciless back. Torso stiff and eye vigilant.
The half empty hall. She's seated facing the stage. Body tense.

Bones creak and we enter the kingdom of language: I love the peaceful dove
and I hate the blue light in my ear. Quick thinking. Musicians on stage.

The trombonist's lips are an atlas of rivers. Attention. Keep an eye on where
you're walking. There are tiny furrows on his skin and a high mountain
beneath his nose.

Talking in circles. Useless movement. Total silence. The sliding tube of the
trombone slips along, stretches out, shrinks. A sacred Mass of vibration. That's
how the tenor trombone is, deep voiced.

Blown air. The range of sounds controlled. The instrument and its mouthpiece
in place. Greater or lesser air pressure. From the imperceptible to everything in
its place. Listen.

The trombonist shapes the mouthpiece and blows into it. He breathes.
Gestures. *Spring Street* in nine minutes and forty eight seconds. The chairs
wobble. The trombone emits a shofar sound.

As if an abyss were to open, an avalanche of peacocks, that's how the night
seemed. A brush stroke: elegant and in volatile ink, and the feathers very green.

## Longing

Mientras haya música, ese deseo enorme,
una tonada
en despojos
la calma del desgarrón
¿de quién? ¿acaso el tuyo?

acabas de llegar, de regenerarte,
de decir    frente al público
*amo ergo sum*
y así un torrente melódico.
Notas sueltas.
Escúchalas.

En aquella otra vida.
En otro momento.
En otro lugar
sin lenguas, sin edades,
la melodía podría
volverse torrente de venas.
Otra posible
sangre.

**Longing**

While there's music, that enormous desire,
a tune
in tatters,
calm of the big tear.
whose? possibly yours?

you just arrived, a changed man,
from saying        facing the public
*amo ergo sum*
and thus a melodic torrent.
Stray notes.
Listen to them.

In that other life.
In another moment.
In another place
without languages, without ages,
the melody could
become a torrent of veins.
Another possible
blood.

**Après "Le Gran Violon" de Henri Michaux**

Este trombón es un gran trombón de doble vara,
lo toco in crescendo,
soplando entre sus estertores,
a golpe de labios y respiración
sin nunca saciar
su hambriento corazón de metal
que sólo yo puedo comprender.
Mi trombón de doble vara, por naturaleza,
tiene mejores sonidos bajos
en la oscuridad,
en las grutas del alma y en túneles solitarios.
A veces con esperanza,
entre labios amoratados y sudor a chorros,
pasa el agobio, y así lo acepto,
con su delicadeza de raudal,
algo que no conozco y que a veces
me toma por sorpresa,
por eso lo distraigo
para arrancársela, con cariño,
sonidos abundantes en arcilla,
hojas secas, caricias, reflexiones y el poema.
Mi trombón de vara doble,
aunque más viejo que yo,
tiene la lealtad de un niño,
su materia contra mi materia,
jazzable

**After Henri Michaux's "Le Gran Violon"**

This trombone is a large double valved trombone,
I play it in crescendo,
blowing between agitated sounds
hammering of lips and breath
its hungry metal heart
that only I can understand.
My double valved trombone, by its very nature,
has better low notes
when played in the dark,
in the soul's grottos and in lonely tunnels.
Sometimes with hope,
between bruised lips and pouring sweat,
exhaustion sets in, and I accept that
in its delicate flow
something unfamiliar to me that at times
takes me by surprise,
so I distract it
to pull out of it, tenderly,
abundant sounds in clay,
dry leaves, caresses, reflections and the poem.
My double valved trombone,
although older than I am,
has a child's loyalty,
its metal against my flesh
jazzable

### Bosques de Bélgica

Voz suelta. Pura respiración. La lengua vibra.
Labios de breves heridas. Después, un tañido.

Boca sobre el metal. Voz hueca
y los labios un pico abierto de pájaro.
El aire es murmullos, rumores, silbidos,
y marca permanente en la cámara interior.
Rapidez del movimiento de la vara,
privilegio de una mano.
La mano tiene forma de U. Es una U.


En el cielo de Berkeley hay pocas nubes,
decías lentamente.
Cierto, el aerófono es latón ligero,
tríptico en un cuadro donde un trombón de vara
parece pájaro en vuelo y alas de ángel.

¿Quién recuerda el nombre del cuadro?
¿Cómo se llamaba el pintor?

## Belgian Forests

Voice unleashed. Pure breathing. Vibrating tongue.
Lips of brief wounds. Then, a note sounds.

Mouth to metal. Hollow voice
and lips a bird's open beak.
The air murmurs, whispers, whistles,
and permanently marks the inner chamber.
Rapidity of the valve's movement
privilege of a hand.
The hand is U shaped. It's a U.


In the Berkeley sky, few clouds,
you were saying slowly.
True, the aerophone is a light brass
triptych in a painting where a valved trombone
looks like a bird in flight, and angel wings.

Who remembers what the painting is called?
What was the painter's name?

## Tamborileo

Con lentitud se palpa el instrumento. ¿Cuerpo o trombón?
Acariciar. Pulsar. Como si tú, de pronto, te multiplicaras.

La luz es una enorme boca brillante
de notas alargadas en una manera de andar.
Entras en el bosque.
Sigues la ruta de la noche.
Escuchas.

Logras descifrar los murmullos del trombón.
Anotas signos.
Dedos sobre una página de blanco turbio.
La saliva es capaz de manchar mientras purifica.
Y así un hambre enorme de trazos rápidos,
de garabatos casi imperceptibles.
Se llena la renglonadura. Lo afino en Si bemol.

Apenas se escucha, pero se repite la música.

**Drum roll**

The instrument is touched slowly. Body or trombone?
Caress. Tap. As if you, suddenly, were to multiply yourself.

The light is an enormous gleaming mouth
of stretched notes as a way of walking.
You enter the forest.
You follow the night's path.
You listen.

You decipher the trombone's whispers.
You write signs.
Fingers on a page of white turbulence.
Saliva can stain while it purifies.
Thus an enormous hunger of rapid sketches
of almost imperceptible scribbles.
They fill the lines. I refine it to a G flat.

It can hardly be heard, but the music is repeated.

## Improvisación para trombón y destapador

Todo parecía inútil. No abandonaste el gesto, la mirada, la palabra.
Osado fuiste. Recibiste sin quererlo un acento de ciudad hacia adentro.
Te dolió el pecho, y subiste al escenario, señores y señoras,
para terminar de desintegrarte.

Dicen que los trombonistas llevan invisibles anillos de plata en los labios, vistos
sólo por aquellos que saben saborear, y gustar, y tocar con pasión, palpar con
detenimiento. Cualquier apuro es maldición, un acto peligroso.

Bésame en la nuca, oí que decías. Después llegó el desorden.
La historia de los hacedores de anillos invisibles está aún por inventarse.

Fuiste capaz de reconocer la altura y el timbre del sonido.
Maestro, usted tarareó varias notas en las que se encontraban la velocidad de la
luz y el cerezo en flor. ¿O fue el pétalo del cerezo mientras caía el que resultó
ser exacto? ¿Y de qué precisión se trataba?
Entonces, ya no importó la música
cerca o lejos del instrumento.

## Improvisation for trombone and bottle opener

It all seemed useless. You didn't give up the gesture, the look, the word.
You were daring. Without choosing it, you took on an inner city accent.
Your chest ached, and you climbed up on stage, ladies and gentlemen,
to finish the process of disintegrating.

It's said that trombonists have invisible silver rings in their lips
seen only by those who know how to appreciate, love, and play with passion,
caress without haste. Any haste is a condemnation, a dangerous act.

Kiss the nape of my neck, I heard you saying. Then disorder took over.
The true story of the inventors of invisible rings is still to be invented.

You were capable of recognizing the note and pitch of the sound.
Maestro, you hummed various notes containing the speed of light and the
cherry tree in bloom. Or was it the cherry petal falling that turned out to be
exact? And what sort of precision were we discussing?
And thus music no longer mattered
whether near or far from the instrument.

**Crónica breve**

La música,
un garabato audaz
en mi diario.

En una página
la fotografía de
un desconocido
y en letras desparramadas
en el blanco
¡Oh! *mon âme*

## Brief Chronicle

The music
a daring scrawl
in my diary.

On one page
the photograph of
a stranger
and in letters scattered
across the white:
Oh! *mon âme*

**Suite**

*J'ai tant rêvé de toi que tu perds ta realité*

Robert Desnos

I
El oboe principal fue la muerte.
En lo alto del teatro,
alguien hace un gesto lentísimo.
Los instrumentos no se afinaron.

II
El solista y el director de orquesta
sorprendidos,
y tanto ruido.

III
Las luces se apagan.
Nadie grita.

IV
Los espectadores y sus asientos,
fueron trajes de etiqueta inmóviles.

V
En el centro del programa
el nombre de Mahler y su
*Sinfonía núm.1 en Re mayor.*

VI
Al borde de la página
Nombres de ojos y labios bellos:
Mahler, Stravinsky, Stockhausen,
Scelsi, Carter, Curran, Eigsti, Mazzoleni.

.

**Suite**

*J'ai tant rêvé de toi que tu perds ta realité*

Robert Desnos

I
The principal oboe was death.
In the top gallery of the theater,
someone slowly gestured.
The instruments slipped out of tune.

II
The soloist and the conductor,
surprised,
and so much noise.

III
The lights went out.
No one screamed.

IV
The spectators and their seats,
were unmoving formal attire.

V
In the center of the program
Mahler's name and his
*First Symphony in D Major.*

VI
In the page's margin
names of beautiful eyes and lips:
Mahler, Stravinsky, Stockhausen,
Scelsi, Carter, Curran, Eigsti, Mazzoleni.

VII
Letras irregulares y carnosas.

VIII
Quise levantarme.
Quise escapar.
Quise quedarme.

IX
Rápido-lento-rápido.
Solo instrumental
tras ser vomitada
por la ballena de Jonás.

X
Inquietos pasajes musicales
y entrada de golpe.
Una manada de trombones
desciende por el escenario.

XI
Y llega el amanecer
en *rondeau, virelai* y *ballade*.

XII
En la capilla cercana
la *Misa de Nôtre Dame* de Machaut,
la muerte en retirada,
tu mano es trazo breve.

VII
Irregular and fleshy letters.

VIII
I wanted to get up.
I wanted to escape.
I wanted to stay.

IX
Fast-slow-fast.
An instrumental solo
having being vomited up
by Jonah's whale.

X
Restless musical passages
and a sudden new beginning.
A flock of trombones
descend onto the stage.

XI
And dawn comes
in *rondeau, virelai* y *ballade*.

XII
In the nearby chapel
the *Misa de Nôtre Dame* by Machaut,
death in retreat,
your hand is just a brush stroke.

**Reconocimiento**

Hacía bocetos.
Aquí y allá una palabra.

Después todo fue simple,
un fuego interior que lo consumió de golpe.

Al poco tiempo, un exilio impuesto.

Después un cambio de fotografías
y un borrón en la fecha de nacimiento.

Bordes geográficos desvaneciéndose y confundidos
en garabatos infantiles, y voces,
voces infinitas en asedio.

Esperas.
Reconstruyes tu perfil y tu acento,
vuelves a entrar en tu pasado,
permaneces en uno de sus rincones,
recorres los barrios de sus excesos,
y nunca eres un huésped inoportuno,
eso nunca te lo perdonarías.

### Recognition

He made sketches.
Here and there a word.

Later on it was all simple:
an inner fire gobbled him up.

A little later, an imposed exile,

Later on, different photographs
and a blotch over his birthdate.

Geographic lines faded and interchanged
over infantile scribbles, and voices,
infinite voices laying siege.

You wait.
You redesign your profile and your accent
you reach the past,
you settle into one of its corners,
you stroll the neighborhood of your excesses,
and you're not an inopportune guest,
you'd never forgive yourself that.

**Un centenario de sombras**

Para Samuel Beckett
(1906-2006)

No me envilecí a pesar de la inútil esperanza,
y siempre hubo tiempo para estar solo
porque ya es primavera o ¿ya estamos en invierno?
Sí, *Café Français*, diciembre de 1985,
afuera, una lluvia familiar, casi doméstica.
Los camareros te conocen bien, saben que
en la sencillez de un *café au lait* y un *croissant*
se esconde todo posible gesto de inspiración.

Hoy Minihan observa tu cara
más cuarteada, más ajena,
sujeto indiferente de la cámara,
tu mano extendida.
Hace frío y te cubres el cuello
con bufanda de lana,
y tocas el cenicero
de forma distraída.
Nadie te reconoce,
eres la nada de tu otro yo,
la tendencia del vivir hasta donde no entiendes,
las tantas ocasiones, el eco, la inercia.

Alguien puede interrumpirnos,
pedirte una firma,
así comienza la fábula,
no sabría decir cuándo termina,
(quizás mañana).
Pausas y silencios
son tan sólo voces:
*se suman*
*las palabras*
*a las palabras*

## A Century of Shadows

For Samuel Beckett
(1906-2006)

I didn't blame myself despite the useless hope
and there was always time for loneliness
because it is spring already - or is it winter?
Yes, *Café Français*, December 1985,
outside, a familiar rain, almost homely.
The waiters know you well, they recognize that
in the simplicity of a *café au lait* and a *croissant*
lurks all possible bursts of inspiration.

Today Minihan observes your face
to be squarer, more distant,
the camera's indifferent subject,
your hand extended.
It's cold and you wrap your neck
in a woolen scarf,
fiddle with the ashtray
in a distracted way.
No one recognizes you,
you're the nothing of your other self,
the tendency to live beyond your understanding,
so many occasions, echo, inertia.

Someone might interrupt us,
ask for your autograph,
the fable begins that way,
no telling when it ends,
(perhaps tomorrow).
Pauses and silences
are only voices:
*words*
*added to*
*words without*

*sin palabra*
*los pasos*
*a los pasos*
*uno a*
*uno*


—Garçon, por favor, traíganos otros dos *café au lait*.

*a word*
*steps*
*to steps*
*one by*
*one*

    –Garçon, please bring us two more *café au lait*.

**Entre Beckett y Feldman: pieza radiofónica**
(Para David Bernstein)

Ni esto ni aquello.
Pausa.

Piensas que al fin llegó,
pero sólo comienza lo inexplicable.

Piensas que nada sobra,
pero sólo haces un gesto con la mano.

Es el ritmo de las palabras, piensas,
pero sólo tocas una nota en el piano.

Oscuridad en el escenario, fragmentos tuyos,
primero un dedo, después un ojo, esperas.

Piensas que es un desafío y así la música,
ese personaje que eres tú, inmóvil.

No habrá término medio, le dices.
Los breves aforismos musicales, en camino.

Cada nota culmina en sutiles cambios de color,
y otro año llega, se suceden más fragmentos.

Después recibes un austero envase, lo abres
como si escucharas tus monólogos repetirse
una y otra vez mientras te reconoces compositor.
Nada sobra.

**Between Beckett and Feldman: Radiophonic Piece**
(For David Bernstein)

Neither this nor that.
Pause.

You think that he finally arrived,
but the inexplicable only begins.

You think there's nothing left over,
but you're gesturing with your hand.

It's the rhythm of words, you think,
but you're only playing one note on the piano.

The stage in darkness, your musical fragments,
first a finger, then an eye, you wait.

You think it's a challenge, and hence the music,
that character that is you, immobile.

There's no middle ground, you say to him.
The brief musical aphorisms, coming along.

Each note culminates in subtle color changes,
and another year arrives, more fragments appear.

Then you receive an austere package, you open it
as if you were listening to your monologues repeating
over and over again while you recognize yourself as a composer.
Everything is perfect.

**Frente a un cuadro de Poussin**

Cuando Samuel Beckett era un muchachote, acostumbraba a pasar largas horas cada tarde dentro y fuera de la Galería Nacional de Irlanda. Antes de entrar, se paraba a contemplar a sus compatriotas. Hacía bocetos. Aquí y allá una palabra. Después, frente a "La lamentación sobre el Cristo muerto" de Poussin, se enamoraba aún más de las siluetas de los transeúntes dublinenses.

Todo era simple. Un fuego interior que lo consumía de golpe, así le dijo a su amigo Jack B. Yeats, en uno de sus diálogos íntimos.

—Hazte al oído —escucho.


Dices :
    "Let us not waste our time in idle discourse!
    Let us do something, while we have the chance!
    It is not every day that we are needed…"

Al poco tiempo, un exilio impuesto.
Ser un simple mortal, otro personaje,
ese yo mismo.

La guerra contra los extranjeros ha empezado.
No hablemos de patrias,
murmuremos lutos
mintiendo cochinamente
por nuestra sangre
contaminada, apuntalada,
más que un acertijo, que un manto púrpura,
más que abundancia, bienes dispersos,
chasquidos de la lengua.

La boca reseca de tanto hablar,
y de pronto

**Observing a Poussin Painting**

When Samuel Beckett was young, he used to spend long hours every afternoon inside and outside the National Gallery of Ireland. Before going in, he would stand and watch his compatriots. He would sketch. Here and there a word. Later, in front of Poussin's "The Lamentation over the Dead Christ," he fell even more in love with the silhouettes of Dublin passersby.

It was all simple. An inner fire that consumed him all at once, as he told his friend Jack B. Yeats, in one of their intimate dialogues.

— Open your ear—I'm listening.

You say:
     "Let us not waste our time in idle discourse!
     Let us do something, while we have the chance!
     It is not every day that we are needed…"

Soon afterward, an imposed exile.
To be a simple mortal, another person,
this is who I am.

The war against the foreigners has begun.
Let's not speak of homelands,
let's murmur our grief
in dastardly lies
flowing through our contaminated,
propped up blood,
more than a riddle, more than a purple cape,
more than abundance, scattered goods,
clicks of the tongue.

Dry-mouthed from talking so much
and suddenly

te abalanzas sobre tu acento,
gritas contra tu perfil
te arrancas esa adicción
a memoria podrida.
Simula. Llénate la boca de gargajos.
Escúpelos contra el mundo verdadero,
desgárrate de arrugas.
Confúndete en el papel.
Acicálate con tus miedos, con tus pasiones,
con todo lo que tengas a mano.

Pura sobrevivencia para los nerviosos de espíritu.

Y así termina la conversación.

Observas la pintura de Poussin,
¿quizás ésta sea la última vez?
Dejas correr tus humores,
permaneces en el medio del lienzo,
recorres los barrios de todo exceso humano,
sin ser huésped inoportuno,
sin juzgar demasiado,
eso no te lo perdonarías.

Entonces te arrodillas, detienes la mirada
en la figura de los brazos alzados,
atisbas detalles,
y los grabas en tu retina,
y en un murmullo

dices:

"¡No perdamos el tiempo en discursos inútiles!
¡Hagamos algo ahora que tenemos la oportunidad!
No siempre somos necesarios"…

Cierro el diario.

you pounce on your accent,
yell against your profile
yank out that addiction
to rotten memory.
Pretend. Fill your mouth with phlegm.
Spit it out at the real world,
Get rid of wrinkles.
Lose yourself in the paper.
Spruce it up with your fears, passions,
with everything you have at hand.

Pure survival for the spiritually nervous.

And so, the conversation ends.

You look at Poussin's painting,
perhaps for the last time?
You let your humors flow,
you remain in the center of the canvas,
you scout the neighborhoods of all human excess
without being the inopportune guest,
without judging too much,
that you wouldn't forgive yourself.

Then you kneel, freeze your gaze
on the figure with arms raised,
you make out details,
engrave them on your retina,
and in a whisper

You say:

"Let's not lose time in idle discourse!
Let us do something, while we have the chance!
It is not every day that we are needed…"

I close the diary.

**Calles de Dublín**
(1988-2006)

Lo ausente y el miedo.
Ayer, en noviembre, oscurece,
caminas cerca de un puente,
extiendes los brazos
para ofrecer los restos de ti,
mientras tocas la claridad
de una lámpara de noche
en el Boswells Hotel.

En la distancia, un tren.

**Dublin Streets**
(1988-2006)

Absence and fear.
Yesterday, in November, at dusk,
you are walking by a bridge,
extending your arms,
offering what remains of you,
while touching the light
of a night lamp
at Boswells Hotel.

In the distance, a train.

## Arquitecturas de la mente

Dicen que Lord Mount Gardiner era un excéntrico
que construyó casas de huéspedes con habitaciones
de techos irregulares, paredes angulosas
y ventanas indiscretas.

Leo en uno de sus diarios:

*Aurora se sube al techo en un día soleado,*
*Céfiro sopla con cierta musicalidad*
*y el viento se multiplica,*
*y los dioses exhiben*
*sus formas bronceadas,*
*disfrazados de liebres,*
añado en tosca caligrafía,
las esculturas de Barry Flanagan,
cuerpos larguiruchos
frente al ojo transeúnte
por calles de Dublín.

Inexorable su destino,
mientras trazaba planos
y le pedía a Jove ser un dios menor.
Sus ofrendas a los dioses tan abismales
como su propia retina,
abriéndose y cerrándose
con una rapidez
ofensiva a todo pudor.


De pronto una carcajada
de espesores púrpura,
deliciosamente irónica y obscena
y una voz turbia
que lo despierta:
"y podrás restaurar, al final de tu vida,
tu ligereza de liebre,
esas largas manos tuyas".

## Mental Architectures

They say Lord Mount Gardiner was an eccentric
who built guest houses whose rooms
had very uneven ceilings, angled walls
and indiscreet windows.

I read in one of his diaries:

*Aurora climbs to the roof on a sunny day,*
*Zephyr whistles with a certain musicality*
*and the wind multiplies*
*and the gods display*
*their bronzed bodies,*
*disguised as hares,*
I add in rough calligraphy
those sculptures by Barry Flanagan,
with their elongated bodies
in front of the passing eye
through the Dublin streets.

His inexorable destiny
while he sketched out plans
and asked Jove to be a minor god.
His offerings to the gods as abysmal
as his own retina,
opening and closing
with a rapidity
offensive to all sense of modesty.


Suddenly a burst of laughter
full of purple depths,
deliciously ironic and obscene
and a blurred voice
that wakes him:
"and you will be able to restore, at the end
of your life, your hare-like lightness
those long hands of yours."

Avalancha de desatinos,
laberintos sin engaño ni lágrimas turbias,
placeres cuya felicidad sólo conocen
los elegidos.


Al final leo:


*Madre diosa, reina bendita,*
*llévate la furia de mi casa,*
*no me castigues por las acciones de otros,*
*déjame construir y aléjame del frenesí*
*de toda criatura demente.*

Avalanche of blunders,
labyrinths without deception or turbulent tears,
pleasures whose joys are only known
by the chosen.


At the end I read:

*Mother goddess, blessed queen,*
*carry away the fury of my house*
*do not punish me for the actions of others,*
*allow me to build and keep me away*
*from the frenzy of all demented creatures.*

## Mientras traduzco poemas irlandeses

En medio del lento buscar de palabras,
tú dices, "Mi patria en tinieblas",
"Un mapa infantil de Dublín",
esa isla,
tentativa de dejar atrás el borrador
hasta trazar nombres y adjetivos
con más precisión.
Mas hay cierta acidez en no encontrar
significados para tal o cual vocablo.
No me detengo. Tengo prisa
y me pierdo en pliegues de mi idioma,
paso las páginas del diccionario con
inquietud de novicia,
y todas las cosas van tomando forma,
hasta ese cansancio que fluye
dentro de mí, sangre doble
de cada día, vacío repentino.

Salí tras nombres de árboles y pájaros,
bajé, subí, caminé de un lado a otro,
escuché el eco de un trombón,
y otro borrador del poema
se puso en mi lengua.

## While I Translate Irish Poems

While slowly searching for words
you say "My Country in Darkness,"
"A Child's Map of Dublin,"
that island,
an attempt to leave behind the rough draft
until spelling out names and adjectives
with greater precision.
But there's a certain bitterness in not finding
meanings for some of the words.
I don't stop. I'm in a hurry
and I get lost in folds of my language,
I flip through the dictionary pages with
the anxiety of a novice,
and everything takes on a shape,
even that weariness that flows
through within me, double blood
of each day, sudden emptiness.

I went out seeking names of trees and birds,
downward, upward, I walked from side to side,
listening to the echo of a trombone,
and another rough draft of the poem
became my words.

## Quinto Cuaderno de Rapallo

*Never had I more*
*Excited, passionate, fantastical*
*imagination*

—W.B. Yeats, **The Tower**


Tiene setenta años. Piensa una vez más en Maud Gonne. Escribe una fecha. Su segunda pubertad comienza con un grito de "Yo soy otro", el mismo que era antes. Siente el calor de su cuerpo. De pronto se lanza a la traducción de manuscritos hindúes místicos, a varias relaciones simultáneas, a una lucha feroz contra toda censura.

Yeats fue un hombre muy bello. Cierro los ojos. Escucho oráculos. Un narciso roza mi espalda. Pericia de experto este blanco plumaje de simultáneos morires. Dispersión.

**Fifth Rapallo Notebook**

*Never had I more*
*Excited, passionate, fantastical*
*imagination*

—W.B. Yeats, **The Tower**


He is seventy years old. Thinks about Maud Gonne once again. Writes a date. His second puberty begins in a burst of "I am another," that same one he was before. He could feel the heat of his body. Suddenly he rushes into the translation of mystic Hindu manuscripts, various simultaneous relationships, and a ferocious struggle against all censorship.

Yeats was a very beautiful man. I close my eyes. I hear oracles. A narcissus brushes against my back. An expert's skill in this all-white plumage of simultaneous deaths. Dispersion.

**Sexto Cuaderno de Rapallo**

Su segunda pubertad empezó con un semitono. Respiró. Cantó las palabras. Se detuvo y escribió un Fa rápido. Volvió a repetir las mismas palabras. Buscó apoyatura en una coma y no descansó hasta hacer un ritornello. Marcó su repetición con dos barras y dos puntos, lo acostumbrado, pero al trozo encerrado le agregó su nombre: W.B.Yeats.

Durante meses escribió el silencio. Si se agitaba en contratiempo, salía a caminar cerca del mar, por el *lungomare*. Ebrio de entusiasmo regresaba a sus cuadernos y de forma rítmica apuntaba el día y alguna que otra nota astrológica entre poema y poema.

Después se ponía a tararear con pasión.

## Sixth Rapallo Notebook

His second puberty began with a semitone. He took a breath. He sang the words. He stopped and wrote an F rapidly. He repeated the same words again. He sought the support of a comma and persevered until he had a ritornello. He emphasized the repetition with a double bar line and two dots, the usual repeat sign, but adding his name in a narrow space: W.B.Yeats.

For months he wrote the silence. If he veered into syncopation, he went out to walk by the sea, along the *lungomare*. Drunk with enthusiasm he returned to his notebooks and in rhythmic form set down the day and the occasional astrological note between one poem and another.

Then he'd start humming with passion.

**El oratorio de Aurelia**

La primera mirada es una mano en movimiento. Una gaveta se abre, otra se cierra, y así combinaciones imposibles del cuerpo. Un trapecio de lo familiar, del perchero y la colcha de la abuela. Cortinas donde se esconde la niñez, esas cortinas rojas del teatro, y el show del circo imaginario para mayores de ocho años. Sabiduría del acróbata y del pintor en su gotear de rojos y esos verdes y esos amarillos. Casi se pueden tocar. Entonces, los waltzes pirotécnicos, los abrigos y vestidos con vida propia, la música de acordeón, tangojazz, y trombón, eso parece. Y cuando todo se ha vuelto un Magritte, el timbre de un móvil desata una pelea violenta entre los otros, audiencia de marionetas crueles.

Fin de la primera parte.

**Aurelia's Oratorio**

At first glance, it's a hand in motion. A drawer opens, another closes, and
thereby impossible body combinations. A trapeze of the familiar, of the hanger
and Grandma's bedspread. Curtains where childhood hides, those red curtains
of the theater, and the show of the imaginary circus for those over eight.
Wisdom of the acrobat and the painter in his splashings of reds and those
greens and those yellows. You can almost touch them. Then the pyrotechnic
waltzes, the coats and dresses coming to life, accordion music, tangojazz and
trombone, that's what it's like. And when everything has turned into a
Magritte, the ring of a cellphone unleashes a violent fight among the others,
audience of cruel marionettes.

End of part one.

**Siempre Cornelius**

I
Difícil la pupila hirviente de la música
Pausa
*questi fantasmi*
"Hace varios años"
tenía los ojos bien abiertos
la memoria desbortante de graffiti
tu cuerpo desconocido
frente a mí
en ráfagas eróticas
y la saliva cayendo dulcemente

*colorín colorado*

II
Tu traje de rayas diminutas
Tu coleta
Tus manos
*So benissimo, come ti senti?*
Te diste cuerda, te di cuerda
Tic tac tic tac
¿Dónde? ¿Cuándo?

Pasaste tal bólido
montado en tu pajarito azul,
y yo caminaba por el bosque.

III
Copulamos bajo el nombre de Roma
y nos lamimos lentamente
la piel      ríos revueltos
un piano
colgado del techo
nuestra cobija
una gula insoportable de rumores
vaya risa espontánea
siempre tu corazón desnudo
y los silencios boca en oído

**Always Cornelius**

I
Difficult, the boiling pupil of the music
Pause
*questi fantasmi*
"Once upon a time"
I had my eyes wide open
memory overstuffed with grafitti
your unfamiliar body
in front of me
in erotic gusts
and saliva flowing sweetly

*colorín colorado*

II
Your suit of tiny stripes
Your pigtail
Your hands
*So benissimo, como ti senti?*
You egged yourself on, I egged you on
Tic tac tic tac
Where? When?

You went by like a bullet,
riding on your little bluebird,
and I was walking through the forest.

III
We copulated under the name of Rome
and we licked each other slowly
skin      turbulent rivers
our blanket
a piano
hanging from the ceiling
an obnoxious hunger for rumors
fantastic spontaneous laughter
always your naked heart
and silences mouth to ear

IV
Terreno baldío
donde crecieron
hermosas lechugas verdipintas
y nuestras manos chorreantes
estropajos de romero
al amanecer
levanté los ojos
y te vi dibujando números
—Es para una danza, dijiste.
Vaya lujuria la suya, Maestro

V
Indispensable
la aparición de las Parcas
una, dos, tres,
la segunda peligrosa y triunfante,
eclipse lunar en mi contra
con la piel cubierta de escamas

VI
A pocos pasos
con tus señas y destonos
desintegrándome bajo
sombreros, boinas, gorras,
pasó el tiempo

VII
Y todas las marionetas se movieron a la vez.
Sin ruido
me presenté en el escenario.
Adiós, querido mío,
that's amore,
estrofas de papel, barro y tinta.

IV
Empty lot
sprouting
handsome green-painted lettuces
and our dripping hands
mops of rosemary
at dawn
I looked at you
and you were tracing numbers
–It's for a dance, you said.
Let's celebrate your lust, Maestro

V
The apparition of the Fates
was crucial
one, two, three,
the second dangerous and triumphant,
Lunar eclipse in my disfavor
with skin covered in scales

VI
A few steps away
with your gestures and indifference,
I'm disintegrating beneath
hats, berets, caps,
and time passed

VII
And all the marionettes moved in unison.
Without making a sound
I appeared on stage.
Farewell, my dear,
that's amore,
stanzas of paper, mud and ink.

## Da capo

No tenía la menor idea de lo que iba a hacer en la siguiente escena. Su curiosa cara mostraba la absurda parábola de toda dislocación moderna. Plausible. Maldice mientras sube la escalera. Se somete. Mudez. Así lo quiere el Maestro. Una historia de un hombre cansado de sí mismo y de los otros. La libertad hecha miseria. Y todo en apariencia tan sencillo. La misma secuencia filmada una y otra vez. Sonido desarticulado. Me maravilla tanta complicidad con la cámara. *Toujours* Buster Keaton.

## Da capo

He hadn't the slightest idea what he was going to do in the next scene. His odd face revealed the absurd parabola of all modern dislocation. Plausible. He curses while going up the stairs. He gives in. Silence. That's what the Maestro wants. A story of a man tired of himself and of others. Freedom turned into misery. And everything apparently so simple. The same sequence filmed over and over again. Disruptive sound. Such complicity with the camara astounds me. *Toujours* Buster Keaton.

**Doble ZerOO**
(Para SRC)

Reconoces la voz de Madeleine Peyroux y me ganas la apuesta.
Un anecdotario confuso va de tu boca a la mía y de la mía a la tuya.
Sólo puedo articular frases salpicadas de Leonard Cohen
mientras nos sirven la carne sobre la piedra hirviente.
Se amontonan las ciudades en la mesa, tu juventud y la mía.
Se hacen un nudo en el que de pronto aparece una mención a Edgar Varèse,
y a los antiguos penitentes de una callejón barcelonés.

El parte metereológico asegura que
palpitará el corazón antes de derramarse,
que nos equivocaremos de paisajes,
y que habrá que ponerse abrigos,
y que lloverá, eso sí,
aunque no tengamos paraguas.

Después,
el camarero apaga el radio.

**Double ZerOO**
(For SRC)

You recognize Madeleine Peyroux's voice and you win our bet.
A confused tale passes from your mouth to mine and from mine to yours.
I can only mutter random phrases peppered with Leonard Cohen
while they serve us meat on the heated stone.
Cities pile up on the table, your youth and mine.
They get knotted up with a sudden mention of Edgar Varèse,
and the ancient penitents of an alley in Barcelona.

The weather forecast confirms that
the heart will throb before breaking,
that we'll mistake our landscapes
and that we'll have to put on coats,
and that it will rain, that's for sure,
even if we don't have umbrellas.

Later,
the waiter turns the radio off.

**Flashes**
(Après Reverdy)

/

**Flashes**
(After Reverdy)

**Café matutino**

En el estante guardo una lata de café Illy. Adicción. El aroma es mezcla de tranquilidad en la mañana londinense, y los ojos se cierran satisfechos. Mejor que un beso. Se escucha un respirar agitado. La cafetera italiana toca música sacra. En el círculo de la soledad, las voces de la memoria. La taza a los labios, y el instante.

**Morning coffee**

I keep a can of Illy coffee on the shelf. Addiction. Its aroma blends with the calm of the London morning, and satisfied eyes close. Better than a kiss. Agitated breathing. The Italian coffeemaker plays sacred music. Inside the circle of solitude are voices of memory. Cup to lips, and this moment.

**Rostros**

Contra la imagen de la cámara digital, el ojo confundido. El abismo en un movimiento de la retina. Enfocar, juego de niños, es tarea difícil. Un rostro familiar se confunde con otro rostro de un caminante, y así otro, y otro, hasta que se pierden los números. Uno piensa en otra cosa, en ese otro alguien, y no aprieta el click. La historia de su vida. Siempre. Ella está allí—Todas las fotografías no tomadas quedan.

**Faces**

Against the camera's digital image, the eye confused. The abyss in a flick of the retina. Focusing, child's play, is a difficult task. A familiar face merges with the face of a passerby, and again and again, until the numbers fade. One thinks of something else, of that other someone, and forgets to click. The story of her life. Always. She is there—the photos not taken remain.

**Magritte y su pipa**

No hay nube espesa ni voz que suba al techo en el anillo de humo—santidad de la imagen. Lo que no es puede ser que sea y cuidado con los dedos. Otra vez el fósforo de cabeza burlona. Silencio. Y se extingue el tabaco, sigue el perfume, y el aire es cascada de sueños.

**Magritte and his pipe**

There's no dense cloud or voice rising to the ceiling in a smoke ring – sanctity of the image. What is not may possibly be and watch out for your fingers. Once again the match with a mocking tip. Silence. And the tobacco is extinguished, the aroma lingers, and the air is just a waterfall of dreams.

## Músico

La sombra, el músico (tú), la inmensa puerta que divide el espacio. Nosotros. Es su nombre un tintinear de cristal. Concierto de esas melodías acariciantes, extrañas. Me siento en el quicio de la puerta de nadie, aquella del cuadro. El oído agudiza su escuchar. Le gana a mi vista. Allá una ventana y aquí otra. El cielo sobre mi cabeza. Mis pies en una alfombra. Algunas notas se confunden, después se extinguen.

## Musician

The shadow, the musician (you), the huge door that divides the space. Us. His name is a tinkle of crystal. Concert of those strange caressing melodies. I sit on the threshold of nobody's door, the one in the painting. My ear is quick to hear. Faster than my eye. A window there, another here. The sky above my head. My feet on a rug. Some notes melt together and then fade out.

**Libro de libros**

Papel blanco acabado de hacer. Lo tocas y te vuelves parte de su textura.
La montaña es un libro cuyos héroes son palabras heridas por el viento. Al pasar las páginas, caen siempre al abismo.
Pulo el relámpago sobre la piel. A partir de un meticuloso hilvanar, nace un libro. Hay quienes se suben a él con un capítulo bajo cada brazo, otros llevan hasta cuatro.
Contra la pared la autora observa el mundo con ojos Reverdy. Punto.

**Book of books**

Freshly made white paper. Touch it and it becomes your other skin. The mountain is a book where heroes are words wounded by the wind. When the pages turn, they fall into the abyss.
I polish the lightning bolt against my skin. Here, through meticulous stitching, a book is born. There are those who climb it with a chapter under each arm, others carry up to four.
Against the wall, the writer sees the world through Reverdy eyes. Stop.

**Guitarra eléctrica**

Hace calmo calor. La canción de hoy es la de ayer, de nuevo metida en la cabeza. Un movimiento de la mano y todo se detiene. El instrumento silencioso ahora reposa contra la pantalla de la lámpara. Una. Notas sordas. Melodía de silencio. Naturaleza muerta.

**Electric guitar**

There's calm heat. Today's song is yesterday's, running through my head again. A hand gesture and everything stops. The silent instrument now rests against the lampshade. One. Mute notes. Melody of silence. Still life.

**Mujer sentada**

La alfombra roja frente a la chimenea es una trampa.

La mujer sigue los cambios de su cara en un cristal del ventanal. —¿Es la luz de la luna la que baña mi butaca o es el ala de un murciélago? Así empieza la conversación. Los cristales de la ventana dibujan líneas entrecortadas, corte indefinido de todo perfil. Después de hablar varias horas. Después de haber sentido cierta esperanza de regresar a un punto de partida, ella desaparece en las rajaduras del techo. Una mano es signo de un allí. Su cara se define. Todo vuelve a la normalidad. Estar tranquilo es trazo de tinta y plata.

**Seated Woman**

The red rug in front of the fireplace is a trap.

The woman follows her changing expression in a window pane. –Is it moonlight bathing my armchair or is it a bat's wing? This is how the conversation begins. The windowpanes draw halting lines, cuts that do not define any outline. After speaking for several hours. After having felt a certain hope of a return to a starting point, she disappears in a crack in the ceiling. A hand is a sign of there. Her features are defined. She returns to her normal state where to be calm is a stroke of ink and silver.

**Violín**

La gaveta abierta, la puerta del armario abierta, las manos acostumbradas a
tocar la madera—los ojos bien abiertos, siempre, un eco aún vibra en nuestros
oídos. El violín silencioso, pero los pies, escondidos bajo la mesa, siguen un
ritmo. Las fronteras se confunden, las notas dispersas, todos los nudos de la
trama sueltos más allá de un oído absoluto, y el silencio total. ¿Acaso existe?

**Violin**

The open drawer, the open wardrobe, hands used to touching wood – eyes
wide open, always, an echo still vibrating in our ears. The violin silent, but the
feet, hidden under the table, keep up a rhythm. Edges are blurred, notes
scattered, all the snarls of the plot loose beyond an absolute ear. Total silence.
Does it exist?

**Abanicos pintados**
(Para A.B.)

Estantes en paredes, hilera de manos, piernas por todas partes, ojos curiosos y rajaduras confundidas en tonalidades fulminantes, compás del que marca el paso cuando los observa. El mismo ritmo por horas. Quiere tocar el papel, la tela pintada, acariciar a las criaturas en su inquietud. Mira alrededor. Si no hay otra presencia, acercará la mano.

Alguien, no sabe quién, le habla desde un cuarto vecino, y él, que se creía el único visitante de la exposición. Pero en el salón algo pasa —se tapa la boca— ya no hay abanicos.

**Painted fans**
(For A.B.)

Shelves on walls, a row of hands, legs all over the place, curious eyes and confusing cracks mixed together in radiant tones, rhythm of the one marking the beat as he observes them. The same rhythm for hours. He wants to touch the paper, the painted cloth, caress the creaures in their restlessness. He looks around. If there is no other presence there, he'll reach out his hand.

Someone, he doesn't know who, speaks to him from a nearby room, and here he thought he was the only visitor to the show. But in the exhibition hall something is going on – he covers his mouth – the fans have disappeared.

## Lámpara

Un vientecillo negro retuerce las cortinas, pero no desordena el papel ni apaga la lámpara.

Miedo repentino al sentir una presencia extraña. Entre los golpes constantes en la ventana y una puerta medio cerrada—¡nadie! Y sin embargo, sobre la mesa de papeles desordenados, una claridad inquietante en el cuarto vacío.

## Lamp

A black breeze twists the curtains, but it doesn't scatter the paper or snuff out the lamp.

Sudden fear upon sensing a strange presence. Between the constant thumps at the window and a half closed door – no one! And even so, on the table of scattered papers, a disconcerting clarity in the empty room.

**Tablero de Damas**

La mirada curiosa queda detenida en una de las piezas blancas donde se posa una uña. Las piezas negras tienen a un contrincante atento al zumbido de una mosca. Estiro un brazo. Podría ganar la partida. Siento mareos. Murmullos sobre las dos figuras ahora atentas al próximo movimiento. Es verano. El ventilador del techo lanza sombras, y forma un claroscuro, pura fotografía que yo retrato.

**Chessboard**

The curious gaze halts on the white rook where a fingernail rests. The black knight is alert to a fly's buzz. I reach out. I could win the game. Nausea. Murmur about the two figures alert to the next move. It is summer. The ceiling fan casts shadows, and creates a chiaroscuro, a pure photograph I can capture.

**Sopera antigua**

La sopera es un enorme globo terrestre sobre la mesa del comedor. Es un globo rajado por el uso, pero aún tiene una tapa, ahora levantada, y así para todos.
Y la cabeza gira de un lado al otro de la mesa. ¿Cuántos somos?
En un largo camino frente a todos nosotros, enorme, del olor al hambre, el corazón misionero se hace aún más generoso.
En la televisión, la guerra. Afuera, los niños inmigrantes.

**Antique soup tureen**

The tureen is an enormous globe of earth on the dining room table. Scuffed by use, it still has a lid, tipped up now to serve everyone.
My head turns from one side of the table to the other. How many are we here?
On the long path ahead, enormous, from aroma to hunger, the missionary heart becomes even more generous.
On television, war. Outside, immigrant children.

**Sobres**

El tiempo postergado y la apariencia de lo múltiple.
Y así llega la noche, círculo de caras desnudas. Perfiles sueltos en la madrugada. Cerca de la estación del muelle la calma del río. Gestos de transeúntes, y hasta un pájaro extraviado. Me doy cuenta de los sobres en mi mano, no me han abandonado, ni mi destino, escrito a dos destinatarios.

**Envelopes**

Time postponed and an apparent multiplicity.
And then night comes, circle of naked faces. Random profiles in the dawn. Near the embankment, the river's calm. Gestures by passersby, even a lost bird. I'm aware of the envelopes in my hand, they haven't left me, or my fate, addressed to two destinations.

**Frutero**

Una mano, la cercana a la fruta pelada, parece un gancho dispuesto a ensartar su presa. Los dedos tienen un movimiento arácnido peculiar—dejan un trazo jugoso en el frutero. Gotas de un néctar sabroso.
La luz en los labios, los dientes en acto de morder, y el deseo pura explosión en los labios.

**Fruit bowl**

A hand, the closest to the peeled fruit, looks like a hook ready to skewer its prey. The fingers have a peculiar spider-like motion – they leave a juicy trace on the bowl. Drops of nectar.
Light on lips, teeth in the act of biting, and desire pure explosion on lips.

**Fuente**

Entro en la habitación, distingo la sombra de un pico en la pared. Cierro las tijeras y el techo entra en un vaso. Todo sucede así. Espacios de color indefinido. El sofá hundido, marca humana y manchas en círculos. El agua cae lentamente, transparencia de la fuente, poco a poco, claridad y sensación de limpieza total. El ruido inaudible de la ciudad.

**Fountain**

I enter the room. I see the shadow of a beak on the wall. I close the scissors and the ceiling slips into a glass. It all happens like this. Spaces of undefined color. The sofa sunk deep, human outline, circular spots. The water falls slowly, transparency of the fountain, little by little, clarity and a feeling of total cleansing. The city's noise inaudible.

**Macetas de árboles enanos**

Cortinajes murmurantes detrás de balcones a los que nadie sale.
Siluetas en el atardecer vueltas muchas durante la noche. Hombres, mujeres, hasta un gato en la luz de un autobús, de pronto, reflejados tras hojas pequeñas y compactas, cabezas de árboles en macetas enormes. No se siente ningún perfume. Las fachadas altas y blancas.

**Dwarf trees in pots**

Murmuring curtains behind balconies onto which no one steps.
Silhouettes at dusk multiply during the night. Men, women, even a cat in the bus headlights, suddenly, reflected behind small and compact leaves, treetops in enormous flowerpots. There is no fragrance. The façades tall and white.

**Máscaras**

Detrás de la vitrina, en el museo, cuatro máscaras. El movimiento indiscreto de su mano hace que el cristal tiemble y las caras respondan afirmativamente a una pregunta lanzada al aire. Sólo una mujer a su lado. Breve estremecimiento del tiempo en ese ayer y este hoy. Afuera una lluvia ligera, y el mar multiplicado en imágenes y poemas contra una pared. Voz de W.B. Yeats. Nuevas voces entre el espejo y varias fotografías ya vistas, otras no. Vacío hacia dentro.

**Masks**

In the museum's showcase, four masks. The imprudent movement of his hand rattles the case and the faces nod affirmatively to a tossed out question. Only one woman beside him. A brief shivering of time in that yesterday and this today. Outside a light rain, and the sea multiplied in images and poems against a wall. The voice of W. B. Yeats. New voices between the mirror and several photographs some already seen, others not. Emptiness inside.

**Botellas**

Las botellas en ventanas, jardín y mesas, a distancia de la vista y de las manos. Formas de esto y aquello, azul oscuro en cascada, y mientras, la luz del verano, allí en el pelo de una anciana. El corazón viaja más veloz que los ojos, detenidos en reflejos aquí y ahora. Varios caminos se unen y se bifurcan en pocas palabras.

No se necesitan más palabras para entender lo posible.

**Bottles**

The bottles on window sills, in the garden and on tables, far from view and from hands. Forms of this and that, dark blue cascading, and meanwhile, the summer light, there on the old lady's hair. The heart travels faster than eyes, distracted by reflections here and now. Several paths unite and fork off in a few words.

No more words are needed to understand the possible.

**Reloj**

En el aire sudoroso de las paredes una grata acidez como luz hacia el sueño.
Las paredes blancas erguidas. Una respiración lenta y la palabra no se oye. Un espejo con pliegues de dorados y azogue, y el viento que llega y ni siquiera encuentra su lugar. Ventanas satisfechas. Hay un corazón en el mundo donde el azar cambia su curso, y se deshace, y se engendra en manos sin destino. El mío se retrae.

**Clock**

In the humid air of the walls a welcome acidity like light toward sleep.
The upright white walls. Slow breathing and the word cannot be heard. A mirror with creases of gold and mercury, and the wind that blows in and can't even find its place. Satisfied windows. A heart in the world where chance changes its course, and fragments, and breeds in hands without destiny. Mine withdraws.

## Notes on the Text

The poems "Chromatic Study," "Blues," "Longing," "Belgian Forests," "Drum Roll" and "Improvisation for trombone and bottle opener" were written after attending a concert by Ed Neumeister at the Jazz School in Berkeley, California. Some compositions from his CDs *New Standards* and *Reflections* inspired this book.

Henri Michaux (1899-1984): Belgian-born French poet, writer and painter who examined the inner world revealed by dreams, fantasies, and hallucinogenic drugs.

Samuel Beckett (1906-1989): Irish playwright, novelist, poet and theater director who lived in Paris for most of his adult life. Fascinated by silent comedies, he wrote one original film script, the twenty-minute silent *Film* (1965), which starred his idol Buster Keaton. The poem "Da Capo" is related to *Film*.

"A Century of Shadows" was composed looking at "Samuel Beckett, Boulevard St Jacques, Paris, 1985" by John Minihan. In 1985, Beckett invited him over to Paris. They met at the playwright's local café in Montparnasse on a Sunday. After talking for quite a while, Beckett asked him to take his photograph. The photographer got out his Rolleiflex and took three frames. According to Minihan, Beckett directed the whole scene because he wanted the photo to say, "This is who I am."

"Between Beckett and Feldman: Radiophonic Piece" is dedicated to my friend David W. Bernstein, Professor and critic of Contemporary Music at Mills College, California.
The poem was performed by the author with the *Jazz Improvisation Ensemble* directed by the Jazz singer Molly Holm at the Littlefield Concert Hall, Mills College, on April 30, 2012.

Morton Feldman (1926-1987): American composer. A major figure in contemporary Twentieth-Century Music. In 1976 he met Samuel Beckett in Berlin. Feldman wanted Beckett to provide a text for a composition intended for the Rome Opera. After discussing their mutual disdain for traditional opera, Beckett agreed to elaborate on some words he called "the theme of his life," the result being *Neither* (1977), generally called an "opera" (described as an anti-opera). It is a work for soprano and orchestra.

Nicolas Poussin (1594-1665): born in Normandy and active in Paris from 1612 to 1623. He was drawn to Rome in 1624 and became a central figure in Roman and European art of his time.

The quote in the poem is part of Vladimir's speech to Estragon in Act II of *Waiting for Godot* by Samuel Beckett.

The poem "Architectures of the Mind" revolves around Irish stories surrounding the architect Lord Mount Gardiner as well as Barry Flanagan's giant hares that took over Dublin's O'Connell Street in 2006.
Lord Mount Gardiner was the one responsible for the construction of numerous Georgian style houses in Dublin during the eighteenth century.
Barry Flanagan (1941-2009): Welsh sculptor, known for his distinctive giant bronzes. He was one of the most imaginative and radical artists of his generation. He is the subject of Peter Bach's film *The Man Who Sculpted Hares* (2012).

The poem "While I Translate Irish Poems" mentions Eavan Boland's "My Country in Darkness" and Paula Meehan's "A Child's Map of Dublin," poems included in *No soy tu musa. Antología de poetas irlandesas contemporáneas* (I am Not Your Muse. Anthology of Contemporary Irish Poets) edited by Carlota Caulfield and John Goodby, with translations into Spanish by Carlota Caulfield with the collaboration of Angela McEwan, published in Spain (Torremozas, 2008).

The poems "Fifth Rapallo Notebook and Sixth Rapallo Notebook" were written thinking of W.B. Yeats' intellectual strength and extraordinary creativity during the last years of his life. From 1928 until 1930, W.B.Yeats (1864-1939), in spite of his deteriorating health, wrote and imagined prolifically. He completed five notebooks he called the *Rapallo Notebooks*, full of rough drafts of poems and letters, notes about topics, philosophical notes, and memoirs.

Maud Gonne (1865-1953), Irish revolutionary, actress and feminist.

The poem "Aurélia's Oratorio" alludes to the theater piece of the same name, a combination of a magic surreal show and acrobatics created and directed by Victoria Thierrée Chaplin that her daughter Aurélia Thierrée performs with extraordinary mastery and grace in theaters around the world.

Mina Loy's "Songs to Joannes" motivated the writing of "Always Cornelius." Loy's thirty-four short irregular poems convey with irony her sporadic sexual and intellectual relationship with the Italian intellectual Giovanni Papini (1881-1951). Mina Loy (1882-1966): Futurist, Dadaist, Conceptualist, Modernist and Post-Modernist artist, poet, playwright, novelist and actress was born in London, England and died in Aspen, Colorado, USA. Her poetry was published under the title *Lunar Baedeker* (1923), *Lunar Baedeker & Time Tables* (1958) and *The Lost Lunar Baedeker* (1996).

Doble ZerOO was considered, for some years, Barcelona's sushi paradise.

Pierre Reverdy (1889-1960): French poet, founder of the literary review *Nord-Sud*. He frequented the avant-garde group of Apollinaire, Max Jacob, Picasso, Juan Gris and George Braque, developing with them Cubism and Surrealism. Amongst his poetry books are *Les épaves du ciel* (1924) and *Flaques de verre* (1929).

## Acknowledgements

I am particularly indebted to Mary G. Berg, as ever, for her friendship and our two years of translation dialogues around *The Neumeister Notebook*; to the poets Antoni Clapés and Catherine Walsh for their insightful reading of the manuscript; to the poet Jesús J. Barquet, who endured me throughout the writing, and was a sharp-eyed proofreader and finally and especially, my thanks to Lars Lucker for his faith and encouragement.

Some of these poems have been previously published in: *Arenas Blancas 9* (USA, 2008); *Cerise Press. A Journal of Literatures, Arts and Culture* 3.7 (USA-France, Summer 2011), resonancias.org [128], and *South Street. A Literary Journal 2* (2015).

Carlota Caulfield is a Cuban-born American poet of Irish and Catalan descent. She is the author of twelve collections of poetry, including *Movimientos metálicos para juguetes abandonados* and *A Mapmaker's Diary. Selected Poems*. A translator as well as a poet, Caulfield has rendered works by Jack Foley, Cecile Pineda, Eavan Boland, Rita Ann Higgins, Paula Meehan, Catherine Walsh and others into Spanish. She also translated works by Regino Boti, Alejandra Pizarnik and Antonio Beneyto into English. She lives in Berkeley, California.

Mary G. Berg's translations include poetry by Juan Ramón Jiménez, Clara Ronderos, Marjorie Agosín, Antonio Machado and Carlota Caulfield. She translated novels by Martha Rivera (*I've Forgotten Your Name*), Laura Riesco (*Ximena at the Crossroads*), Libertad Demitropulos (*River of Sorrows*) and edited the anthologies *Open Your Eyes and Soar, New Cuban Fiction* and *Cuba on the Edge: Short Stories from the Island*. Her most recent translations are of collections of stories by Olga Orozco and Laidi Fernández de Juan. She is a Resident Scholar at the Women's Studies Research Center at Brandeis University.

Antoni Clapés is a poet, editor and translator in the Catalan language. Among his recent poetry books are *La llum i el no-res* and *L'arquitectura de la llum*. Many of his poems have been translated into Spanish, English, French, Italian, Portuguese, German, and Arabic languages. He has translated from French (Jaccottet, Bobin, Brossard, Char, Desautels) and from Italian (Civitareale, Fasani). He lives in Barcelona.

Lightning Source UK Ltd.
Milton Keynes UK
UKOW02f1126240816

281385UK00001B/240/P